문법 고유번호
문법용어를 쉽게 찾을 수 있도록 번호를 붙였다.

○ 덜 중요한 문법 용어
없음 중요하지 않은 문법 용어

해설
이해하기 쉽게 쉬운 말로 풀어 썼다.

012 to부정사 ★

'to+동사원형 083'을 한 덩어리로 to부정사라고 한다. 위치가 정해져 있지 않아 부정사라고 불리며, 위치에 따라 의미가 달라진다. 80% 이상은 목적어 095 자리에서 '명사(~하는 것)'으로 해석되며, 그 외에는 주로 '부사(~하기 위해)'로 해석된다.

· I want to eat 나는 먹는 것을 원한다.

문법 용어
300개 수록

예문과 해석
실제 문장에서 활용된 예문과 해석을 수록했다.

용 영어문법 용어사전 300
1판 1쇄 2023년 12월 14일 | **지은이** Mike Hwang | **발행처** Miklish
전화 010-4718-1329 | **홈페이지** miklish.com
e-mail iminia@naver.com | **ISBN** 979-11-87158-54-7

001 12시제 ★

영어 동사가 나타내는 12가지 다른 시간 상황. 크게 3가지 단순시제(현재시제286, 과거시제037, 미래시제105)로 나뉘며, 그것에 각각 3가지씩(진행시제264, 완료시제198, 완료진행시제199) 더해져서 총 12가지로 나뉜다.

많이 쓰는 시제로 현재시제, 과거시제, 미래시제, 현재완료시제, 현재완료진행시제, 과거완료시제, 미래완료시제가 있다.

- 현재시제: 현재시제, 현재진행시제, 현재완료시제, 현재완료진행시제
- 과거시제: 과거시제, 과거진행시제, 과거완료시제, 과거완료진행시제
- 미래시제: 미래시제, 미래진행시제, 미래완료시제, 미래완료진행시제

002 1형식 / 1형식문장 ★

'주어-일반동사220'로, 1형식 문장의 일반동사는 자동사223이므로 목적어095를 쓸 수 없다.

- Birds fly. 새들이 난다.

003 2형식 / 2형식문장 ★

'주어-동사-보어113'로, 여기서 동사는 주로 be동사011를 일컫는다.

- He is a student. 그는 학생이다.

004 2형식동사 ●

일반동사220이지만 뒤에 보어가 오는 동사들도 있는데, 이것을 2형식 동사라고 한다. 참고 불완전자동사148

- appear 나타나다, become 되다, come 오다, fall 떨어지다, feel 느끼다, get 얻다, go 가다, grow 자라다, keep 유지하다, look 보이다, make 만들다, prove 증명하다, remain 남다, seem ~처럼 보이다, smell 냄새나다, sound 소리가 나다, stay 머무르다, taste 맛이 나다, turn 변하다

005 3인칭 단수 ★

시점을 말할 때, 나(1인칭218), 너(2인칭218) 외에 다른 사람이나 물건을 '3인칭218'이라 하는데, 한 개를 '단수065'라고 한다. 영어에서는 주어가 '3인칭 단수', '현재'일 때는 동사 뒤에 '-s'를 붙여서 특별히 취급한다.

- She watches TV. 그녀는 텔레비전을 본다.

006 3형식 / 3형식문장 ★

'주어-동사-목적어'로. 가장 많이 쓰이는 문장 구조이며 영어 문장의 80% 이상을 차지한다.

- She reads a book. 그녀는 책을 읽는다.

007 4형식 / 4형식문장 ★

'주어-동사-간접목적어019-직접목적어262'로, 주로 동사가 '주는 의미'를 갖고 있어서 누구에게 주는지 간접목적어에서 알려준다.

- She gives the friend a gift.
  그녀는 그 친구에게 선물을 준다.

008 5형식 / 5형식문장 ★

영어 문장 구조를 5가지 형태로 나눈 것(문장의 5형식102) 중에 5번째 문장. '주어-일반동사-목적어-목적보어094'의 순서로 단어를 배열한다. 동사가 목적어에 어떤 영향을 주었는지 목적보어에서 나타낸다. 사역동사157나 지각동사257도 5형식을 쓸 수 있는 동사이다.

- The team named him captain.
  팀은 그를 대장으로 지명했다.
- I find the movie boring.
  나는 그 영화가 지루하다고 생각한다.

009 8품사 ★

영어 단어를 대표적인 8가지로 분류하는

것. 7가지의 단어를 분류하는 데에는 이견이 없지만, 8번째 단어는 한정사 대신 '감탄사024'가 들어있는 경우도 있다.

명사088 사물이나 개념의 명칭

대명사071 명사를 대신해서 간략하게 쓰는 단어.

동사081 주로 행동에 대한 말.

한정사280 명사를 간략하게 소개하는 말.

부사125 명사 외에 다른 단어를 꾸미거나 강조, 설명하는 말.

형용사292 명사를 꾸미는 말.

전치사226 한국어의 조사같은 역할을 한다. 명사와 함께 한 덩어리로 주로 부사구050를 만든다.

접속사233 주로 절229을 추가로 쓰고 싶을 때, 접속사와 함께 한 덩어리로 쓰며, 주로 부사절128을 만든다.

010 be to 용법

주로 미래의 '의무'를 나타내고, 가끔 미래의 계획이나 규정 등을 나타낸다.

· You are to clean your room.
너는 네 방을 청소해야 된다.

011 be동사 / 비동사 ★

주어251의 상태나 모습에 대해 설명할 때 쓰는 동사로, 뒤에 어떤 상태나 모습인지를 설명하는 '보어113'가 나와서 2형식 문장003을 만든다. 주어에 따라 형태가 다른데, am, is, are, was, were, be, been, being이 있다. **반대말** 일반동사220

012 to부정사 ★

'to+동사원형083'을 한 덩어리로 to부정사라고 한다. 위치가 정해져 있지 않아 부정사라고 불리며, 위치에 따라 의미가 달라진다. 80% 이상은 목적어095 자리에서 '명사(~하는 것)'로 해석되며, 그 외에는 주로 '부사(~하기 위해)'로 해석된다.

· I want to eat. 나는 먹는 것을 원한다.

013 wh-의문문

단어가 wh로 시작하는 의문사213를 가진 의문문. what(무엇), why(왜), when(언제), where(어디), which(어떤 것)가 있다. 의미상 how(어떻게)도 포함한다.

· Where are you? 너 어디야?

014 가목적어

to부정사를 목적어로 쓸 때 의미를 명확하게 하기 위해 to부정사 대신 일단 it을 목적어로 놓는데, 그 it을 가목적어라고 한다.

· I found it easy to study English.
영어를 공부하는 것은 쉽다는 것을 알게 됐다.
it을 사용하기 전의 문장은 I found to study English easy이다.

015 가산명사 ●

셀 수 있는 명사. 영영사전에서 가산 명사는 C(Countable)로 표기한다. **반대말** 불가산명사144

· three apples 사과 세 개

016 가정법 ★

사실이 아니거나 발생할 가능성이 낮은 일에 대해, 그 일이 발생한다면 생길 일을 말해 보는 것. 주로 접속사 if를 쓰고, 실제 시제보다 한 시제 과거로 말해서 가정임을 나타낸다.

· If I were rich, I would travel the world.
나 돈 많았으면 세계 여행 갔을 거야.

017 가주어 ●

to부정사를 주어로 쓰면 주어가 길어지는 데다가, 동사가 나오기 전까지는 '부사적

용법'으로 잘못 생각할 수 있기에, to부정사 대신 일단 it을 주어로 놓는데, 그 it을 가주어라고 한다. **참고** 가목적어 014

· It is important to study. 공부하는 것이 중요하다. it을 사용하기 전의 문장은 To study is important이다.

018 간접명령문

let을 써서 부탁하는 표현이다.

· Let me know your answer.
너의 대답을 알려줘.

019 간접목적어 ●

동사에 직접 영향을 받지 않는 동사와 목적어 095 사이에 들어가는 또 하나의 목적어. 주로 사람이 들어간다.

· I gave him a book.
나는 그에게 책을 줬어. 간접목적어:him

020 간접의문문 ●

의문문은 주로 조동사를 주어 앞에 써서 만들고 문장 끝에는 '?'를 쓴다. 하지만 간접 의문문은 도치하지 않기에 물음표를 쓰지 않는다. 다만 문장 중간에 의문사 213를 써서 물어 본다. 궁금해 하는 뜻을 가진 동사들로 만들 수 있다.

· 가능한 동사: ask, decide, forget, know, remember, think, wonder...

· I wonder where she put her keys.
나는 그녀가 열쇠를 어디에 뒀는지 궁금하다.

021 간접화법 ○

다른 사람이 한 말을 내 입장에서 들은 말처럼 바꿔서 전달하는 방법. **반대말** 직접화법 263

· He said, "I am tired". 그는 "내가 피곤하다"라고 했어. (직접화법)

· He said he was tired. 그는 그가 피곤하다고 했어. (간접화법)

022 감각동사 ●

느낌에 관련된 동사를 일컫는데, 2형식문장 003을 만들거나, 5형식문장 008을 만들 수 있는 동사들을 일컫는다.

· feel 느껴지다, look 보이다, see 보이다, seem ~처럼 보이다, smell 냄새나다, sound 소리가 나다

023 감탄문 ●

감정을 표현하는 문장으로 주로 놀람을 표현한다. 형태는 'how+형용사/부사~'나 'what+명사~'이다.

· How beautiful the sunset is!
얼마나 아름다운 석양이야!

· What a beautiful view! 정말 멋진 경치네!

024 감탄사

놀라움, 감동, 기쁨 등의 감정을 나타내는 말.

· oh, yeah, hey, yes, uh, ah, bye, mm, wow 등

025 강조 ●

특정한 말에 주목하도록 꾸미는 것. 주로 부사 125를 써서 강조한다.

· She is definitely coming. 그녀는 확실히 올 거야. definitely가 coming을 꾸며서 강조한다.

026 강조구문

문장에서 특정 부분을 강조하기 위한 구문. 주로 it~that 강조구문을 일컫는다.

· It is the movie that I like the most. 가장 좋아하는 영화야. (the movie를 강조하기 위해 it is를 썼다.)

027 강조어구

강조를 할 때 쓰는 단어나 구를 일컫는다. 조동사 do로 동사를 강조하거나, 비교급을 강조하기 위해 much, far, still, a lot, even을 쓴다.

· I do like it. 진짜로 좋아해.

028 격
명사나 대명사의 역할을 나타내는 문법 어휘. 주격245, 소유격169, 목적격.
· I love her. 나는 그녀를 사랑해. I는 주격으로 썼고, her는 목적격으로 썼다.

029 결과
현재완료287의 용법 중의 하나로, 과거의 일이지만, 현재도 같은 상태일 때를 일컫는다.
· I have lost my key. 나는 나의 열쇠를 잃어버렸다.(그래서 현재 열쇠가 없다.)

030 계속적용법 ●
콤마(,)를 사용한 뒤에 관계대명사나 형용사구를 쓰는 용법으로 콤마(,)는 and처럼 해석된다. 반대말 한정용법281

031 고유명사 ●
특정 사람, 장소, 기관 등을 가리키는 명사. 대문자로 시작한다. 애초에 고유명사에 한정사(a, the 등)를 포함하는 경우 외에는 고유명사에 한정사280를 쓰지 않는다.
· Korea 한국 (나라이름)
· James 제임스 (사람이름)

032 고유형용사
국가나 지역, 종교 등을 특정 짓는 형용사.
· Korean food 한국 음식

033 공통관계
콤마(,)나 등위 접속사로 연결하여, 두 개 이상의 명사나 대명사가 같은 동사나 전치사를 공유하는 구조.
· Jack and Jill went up the hill.
잭이랑 질이 언덕에 올라갔어. 잭과 질은 went up the hill을 공유한다.

034 과거분사 ★
주로 동사에 -ed를 붙이는 형태로, 동사의 과거형과 형태는 같지만 의미는 주로 '수동'을 의미하거나, 가끔 '완료'를 의미한다.
· The door is closed. 문이 닫혔어.

035 과거분사형 ●
주로 동사에-ed를 붙인 형태를 일컫는다. 또는 불규칙으로 변형되는 경우(28쪽)도 있는데 이것을 불규칙동사145라고 한다.
· written 쓰여진, seen 봤던

036 과거시제 ★
과거에 일어난 행동이나 상태를 나타내는 시제. 동사에 -ed를 붙여서 표현한다.
· I played soccer. 나는 축구했어. play뒤에 ed를 붙여 과거를 표현했다

037 과거완료 ○
과거의 어떤 시점보다 이전에 발생했던 일을 나타내는 시제. 'had + 과거분사'의 형태를 갖는다.
· I had already eaten. 나는 이미 먹었어.

038 과거완료진행 / 과거완료진행형 / 과거완료시제 ○
과거의 어떤 시점 전까지 계속되었던 행동이나 상태. 'had been +현재분사'의 형태를 갖는다.
· I had been playing the guitar.
나는 기타를 연주하고 있었어.

039 과거완료형 / 과거완료시제
과거의 어떤 시점보다 이전에 일어난 일을 나타내는 시제. 'had+과거분사'의 형태를 갖는다.
· I had finished my work. 나는 일을 끝냈었어.

040 과거진행형 / 과거진행시제
과거의 특정한 때에 진행 중이었던 행동이나 상태를 나타낸다. 'was/were+현재분사'의 형태를 갖는다.

· I was playing football. 나는 축구하고 있었어.

041 과거형 ★

동사에 -ed가 붙은 형태를 동사의 '과거형' 또는 '과거분사형035'이라고 한다. 과거형인 경우에는 지난 일을 뜻하며 '본동사121'로 쓴 것이고, '과거분사'인 경우에는 '형용사292'로 쓴 것이다. 동사에 -ed가 붙지 않는 과거형을 '불규칙동사145'이라고 한다.

· He worked yesterday. 그는 어제 일했어.

042 관계대명사 ★

명사를 문장으로 설명하기 위해 사용하는, 종속접속사242와 대명사071 역할을 동시에 하는 단어이다. who, which, what, that을 가리킨다.

· This is the man who helped me.
이 사람은 나를 도와준 사람이야.

043 관계대명사의 계속적용법

관계 대명사 앞에 (,)를 쓴 형태를 가지며, 콤마(,) 뒤에 and가 생략된 것처럼 해석된다. 보통의 관계대명사는 어감상 관계대명사가 있는 종속절이 주절보다 더 강조되는 느낌인데, 콤마(,)를 쓰면 주절이 강조되고, 관계대명사가 있는 절은 부가적인 내용을 더하게 된다.

· She's the girl, who helped me yesterday.
그녀는 어제 나를 도와준 여자다.

044 관계부사 ★

시간, 장소, 이유 등을 문장으로 설명하기 위해 사용하는, 종속접속사와 부사 역할을 동시에 하는 단어. when, where, why, how를 가리킨다.

· I remember the day when we met.
우리가 만난 그 날을 기억해.

045 관계사 ★

명사, 형용사, 부사를 문장(정확히는 절229)으로 표현할 때 쓰는 단어이다. 관계대명사와 관계부사를 일컫는다.

· who, whom, whose, which, that, where, when, why, how

· The reason why I'm late is traffic.
내가 늦은 이유는 교통 체증 때문이야.

· The man who sold me the car was very kind. 나에게 차를 팔아준 그 남자는 매우 친절했다.

046 관계형용사 ○

관계대명사(which, what, whichever, whatever, whose) 뒤에 바로 명사가 또 나와서, 관계대명사가 소유격으로 표현되는 경우.

· I don't know what book she wants.
그녀가 원하는 책이 무엇인지 모르겠다.

047 관사 ★

명사 앞에 위치하며 어떤 명사를 말하는 것인지 대략 알 수 있게 하는 단어. a, an, the 등. 참고 정관사234, 부정관사130, 한정사280

· I saw a dog. 나는 개를 봤어.

048 관용표현 / 관용적표현 ●

본래의 단어 뜻이나 정해진 문법에서 벗어나서, 다른 의미로 쓰일 때 관용적으로 사용한다고 말한다.

· Break a leg! '다리를 부러뜨려라!'가 아니라, '행운을 빈다'라는 뜻으로 임.

049 구 ●

단어 2개 이상을 한 덩어리가 되어 특정한 의미를 가지는 것.

· in the morning 아침에

050 구동사 / 군동사 ○

동사를 포함한 단어 2개 이상이 한 덩어

리가 되어 특정한 뜻을 가지는 것.

· give up 포기하다, don't eat 먹지 않는다

051 규칙동사 ○

동사의 과거와 과거분사 형태를 만들 때 '-ed'를 붙이는 동사. **반대말** 불규칙동사**145**

· play - played - played
놀다 - 놀았다 - 놀았다

052 규칙변화 (동사) ○

동사의 과거와 과거분사 형태를 만들 때 '-ed'를 붙여서 변화하는 것(28쪽). **반대말** 불규칙변화

· play - played - played
놀다 - 놀았다 - 놀았다

053 규칙변화 (명사) ○

명사의 복수형(2개 이상을 일컫는 것)**117**을 만들 때 '-s'를 붙여서 변화하는 것.

· car 차 - cars 차들

054 규칙변화 (형용사,부사) ○

형용사나 부사의 비교급, 최상급을 만들 때 형용사 뒤에 '-er'이나 '-est'를 붙여 변화하는 것.

· fast 빠른 - faster 더 빠른 - fastest 가장 빠른

055 기능어 ○

내용보다 기능이 더 중심이 되는 말로, 대명사**088**, 한정사**280**, 전치사**226**, 접속사**233**를 일컫는다. **참고** 내용어**061**

056 기본시제 ○

동사의 대표적인 3가지 시제(현재시제**286**, 과거시제**036**, 미래시제**105**)를 일컫는 말. **비슷한 말** 단순시제**068**

057 기본형

동사의 원형**083**.

· going의 기본형은 go이다.

058 기수 / 기수사

보통의 숫자를 나타내는 단어.

· one, two, three (하나, 둘, 셋) **참고** 서수사

059 기원문 ●

누군가의 행복, 성공, 건강 등 특정한 상황이나 결과를 바라는 표현이다. 관용구의 형태인데 주로 may로 시작하는 경우가 많다.

· May you find happiness.
행복을 찾기를 바랍니다.

· May he rest in peace. 그분의 명복을 빕니다.

· Long live the King! 왕이 만수무강 하시기를!

060 남성명사

남성을 나타내는 명사.

· man 남자, boy 소년

061 내용어 ○

내용이 더 중심이 되는 말로, 명사, 동사, 형용사, 부사를 일컫는다. **참고** 기능어**055**

062 능동 ●

주어가 직접 행동하는 것을 나타낸다.

· I write a letter. 나는 편지를 써.

063 능동태 ★

주어가 행동을 하는 주체인 문장이다. '주어-동사'로 시작하는 모든 문장을 말한다. **반대말** 수동태**173**

· The cat catches the mouse. 고양이가 쥐를 잡는다. 주어: the cat / 동사: catches

064 단문

주절**254** 하나로 이루어진 문장.

· It rains. 비가 와. **반대말** 복문

065 단수형 ●

명사 한 개일 때 쓰는 형태로, 명사의 기본 형태를 일컫는다. **반대말** 복수형

· cat 고양이 (복수형은 cats)

066 단순동명사

동명사의 시제가 동사의 시제와 같거나 전후 맥락에 따라 결정되는 경우. 반대말 완료동명사197

· I enjoy reading. 나는 읽기를 좋아해.

067 단순부사

의문부사212(wh-로 시작하는 부사들)를 제외한 모든 일반적인 부사를 일컫는다.

· just 단지, 막, so 아주, well 잘, out 밖으로, now 지금, really 정말로, back 뒤로, then 그러고 나서, very 아주, too 또한

068 단순시제

동사의 대표적인 3가지 시제(현재시제286, 과거시제036, 미래시제105)를 일컫는 말. 비슷한말 기본시제056, 참고 12시제001

069 단어 ★

언어의 기본 단위. 띄어쓰기 사이에 있는 알파벳들의 뭉쳐진 덩어리를 일컫는다. 의미를 갖는 소리나 글자의 묶음. 상위 개념은 '구049'이다.

· apple 사과 (apple은 단어, the apple은 구)

070 대동사 ○

앞에서 나온 동사를 반복해서 다시 쓰지 않고, 그 동사를 대신해서 조동사만 쓰는 것.

· Yes, I can. 그래. 내가 할 수 있어. can 뒤에 동사는 생략했다.

071 대명사 ★

명사를 대신하는 단어. he, she, it 등. 주어일 때와 목적어일 때 형태가 다른 경우가 많다. '나'는 주어일 때는 I이고, 목적어일 때는 me이다.

· She is my friend. 그녀는 내 친구야.

072 대명사구

대명사가 포함된 2단어 이상이 한 덩어리로 의미를 가지는 것.

· All of them 그들 모두

073 대부정사 ●

to부정사는 'to+동사원형' 구조로 써야 하는데, 대부정사는 to만 쓰고 동사를 쓰지 않은 경우를 말한다. 동사를 쓰지 않아도 무슨 동사인지 알 수 있을 때 대부정사로 쓴다.

· I need to eat but I don't want to.
나는 먹어야 하지만, 먹고 싶지 않아.

074 대시 ○

부가설명을 할 때 쓴다. 참고 콤마271

· I have a cat — her name is Luna.
나는 고양이가 있어 — 그녀의 이름은 루나야.

· My brother — who is 12 years old — likes playing soccer. 내 동생은 — 그는 12살이야 — 축구를 하는 것을 좋아해.

075 도치 ●

영어는 단어의 순서로 뜻을 전달하기에, 항상 같은 순서로 배열한다(5형식008, 평서문277). 하지만 질문하거나 강조025할 때는 단어의 순서가 바뀌어서 동사나 조동사가 주어 앞으로 간다. 이렇게 단어의 순서가 바뀌는 것을 도치라고 한다.

· Never have I seen such a thing.
그런 건 내가 본 적 없어.

076 독립부정사

to부정사가 들어간 관용 표현048으로 일종의 부사구이다. 주절에 부가적인 표현을 하며, 주로 문장 앞에 쓰인다.

· To tell the truth, I don't know.
사실을 말하자면, 나도 모르겠어.

077 독립분사구문 ○

분사구문의 의미상 주어214가 문장의 주어가 아닐 때, 분사구문 앞에 주어 역할을

하는 명사를 쓰는 데, 이 분사구문을 독립 분사구문이라고 한다.

· The movie being over, we decided to go out for dinner. 영화가 끝나자, 우리는 저녁 식사를 하러 나가기로 결정했다.

078 동격 ○

명사 뒤에서 설명하는 명사를 또 쓰는 것을 동격이라고 한다. 설명당하는 명사 뒤에 콤마(,)를 써서 표현한다.

· Steve, my brother, is coming. 스티브, 나의 형, 오는 중이야. my brother를 steve와 동격으로 쓴 것이다.

079 동등비교 ○

두 가지가 같은 정도나 수준임을 나타낸다. **비슷한 말** 원급비교205

· She is as tall as her sister. 그녀는 그녀의 여동생만큼 키가 커.

080 동명사 ★

동사를 명사로 쓸 수 있게, 동사 뒤에 -ing를 붙인 형태로, '~하는 것'을 의미한다.

· I like swimming. 나는 수영하는 것을 좋아한다. 동사: swim 수영한다 / 동명사: swimming 수영하는 것

081 동사 ★

동사는 크게 '일반동사220'와 'be동사011'로 나뉘며, 일반동사는 '행동'에 대한 뜻을, be동사는 '상태나 모습'에 대한 뜻을 가진다. 보통 동사라고 하면 'be동사'보다는 '일반동사'를 가리킨다. 또한 동사는 문장에서의 역할에 따라 '본동사121'와 '준동사255'로 나뉘기도 한다.

· run 달리다, eat 먹다

082 동사구 ●

동사를 포함한 단어 2개 이상이 한 덩어리가 되어 특정한 뜻을 가지는 것.

· give up 포기하다, don't eat 먹지 않는다

083 동사원형 ★

동사가 사전에 실린 형태. 또는 동사의 가장 대표적인 형태. eating의 원형은 eat이며, are의 원형은 be이다. 동사원형만 쓰는 위치는 to부정사에서 to 뒤에, 조동사 뒤에, 사역동사 뒤에, 명령문 맨 앞이다.

084 동음이의어

발음은 같지만 뜻이 다른 단어.

· flower 꽃 / flour 밀가루

085 등위상관접속사 ○

등위 접속사에 특정한 부사를 결합해서 관용적048으로 특정한 의미를 갖게 하는 것을 등위상관접속사라고 한다. not only~ but also~ 등.

· He not only sings but also dances. 그는 노래만 하는게 아니라 춤도 춰.

086 등위접속사 ●

동등한 내용의 단어, 구, 절을 연결하는 접속사. 주로 and, but, or를 말한다. **참고** 병렬구조111

· I like apples and bananas. 나는 사과와 바나나를 좋아해. apples와 bananas를 and로 연결했다.

087 명령문 / 명령법 ●

'명령하는 문장'을 명령문이라 한다. 주어 없이 동사부터 쓴다. 명령문의 의미상 주어214는 you이다.

· Sit down! 앉아!

088 명사 ★

사람, 장소, 물건, 생각 등을 나타내는 단어. 영어는 그림을 그리는 언어라 대부분의 명사에는 '한정사280'를 앞에 붙여서 쓴다. 다시 말해 한정사를 보고 명사임을 알 수 있

다. 명사의 종류로는 보통명사115, 집합명사266, 고유명사031, 물질명사104, 추상명사269가 있으며, 셀 수 있는 명사를 가산명사015, 셀 수 없는 명사를 불가산명사144라고 한다. 대명사071도 일종의 명사이다.

· dog 개, time 시간, day 날, god 신, night 밤, mom 엄마, home 집, year 년 등

089 명사구 ★

명사를 포함한 2개 이상의 단어가 한 덩어리로 명사 역할을 하는 것.

· a slice of cake 케이크 한 조각

090 명사적용법 ●

명사처럼 사용되는 다른 품사. 주로 to부정사012를 명사로 쓰는 것을 일컫는다.

· To read is fun. 읽기는 재미있어. read는 동사지만 to read는 이 문장에서 주어(명사)로 썼다.

091 명사절 ●

종속절241이 하나의 명사처럼 여겨지는 절.

· That he is a doctor is true.
그가 의사라는 것은 사실이다. That he is a doctor는 절이지만 is true의 '주어(명사절)251' 역할을 한다.

092 목적격관계대명사

관계대명사가 종속절241에서 목적어 역할을 하는 관계대명사042. whom은 목적격 관계대명사로만 쓸 수 있고, who, that, which는 뒤에 바로 본동사121가 오면 주격 관계대명사247로, 뒤에 '주어+본동사'가 오면 목적격 관계대명사로 쓴 것이다.

· The girl whom I met yesterday is my cousin.
어제 만난 그 여자아이는 나의 사촌이다.

093 목적격대명사

목적어로 쓰이는 대명사. me, him, us 등.

· He called me. 그는 나를 불렀어.

094 목적격보어 ★

목적어를 설명하는 명사나 형용사. 참고 5형식008

· I made him happy. 나는 그를 행복하게 만들었다. 목적어는 him, 목적격 보어는 happy.

095 목적어 ★

일반동사220가 본동사121인 문장에서 행동을 당하는 사람이나 물건을 '목적어'라고 한다. 목적과는 전혀 상관 없는 말이므로, 당하는 대상을 가리켜 '대상어'가 더 정확한 표현이다.

· I love pizza. 나는 피자를 좋아해. 목적어는 pizza이다.

096 목적어역할 ★

목적어로서의 기능이나 역할. 명사는 위치에 따라 주어역할252이나 목적어역할096을 한다.

· I love pizza. 나는 피자를 좋아해. 'pizza'가 목적어역할을 하고 있다.

097 문맥

단어나 문장 주위의 내용. 그걸 통해 의미를 파악할 수 있다.

098 문장 ○

문법에서 원칙은 마침표(.)가 나왔을 때를 한 문장이라고 한다. 가끔 '절229'과 문장을 혼동해서 쓰기도 한다. 절은 문장보다 작은 단위이다. 단어069 < 구049 < 절229 < 문장098

· The sky is blue. 하늘이 파란색이야. '파란색이야' 뒤에 마침표가 있으므로 한 문장이다.

099 문장부사

전체 문장이나 절을 꾸미는 부사. 주로 문장의 앞에 놓이는 경우가 많다.

· luckily 운 좋게, however 그러나, therefore 그러므로, moreover 게다가

· Luckily, he arrived on time.

운 좋게 그는 제시간에 도착했어.

100 문장의 구조 ★

주어251, 동사081, 목적어095, 보어113 등을 써서 만드는 영어 문장의 뼈대를 말한다. 같은 말로 문장의 '형식291'이라고도 표현한다.

· Dogs (주어) chase (동사) cats (목적어).
개는 고양이를 쫓는다.

101 문장의 유형

평서문277, 의문문211, 명령문087 같은 문장의 '종류'를 '유형'이라고도 한다.

· Are you okay? 너 괜찮아? (유형: 의문문)

102 문장의5형식 ★

영어는 구조를 통해 의미를 전달하는데, '동사'가 궁금하게 하는 내용에 종류에 따라 따라오는 구조가 달라진다. 크게 5가지의 형태로 나뉜다. 특정 동사가 한 가지 형식으로만 쓰이는 것은 아니고, 여러가지 형식으로 쓰일 수 있다.

1형식: 주어-일반동사

· Birds sing. 새들이 노래한다.

2형식: 주어-be동사-보어

· I love music. 나는 음악을 좋아한다.

3형식: 주어-일반동사-목적어

· The sky is blue. 하늘은 파란색이다.

4형식: 주어-일반동사-간접목적어-직접목적어

· She gave me a book.
그녀는 나에게 책을 주었다.

5형식: 주어-일반동사-목적어-목적보어

· They elected him president.
그들은 그를 대통령으로 선출했다.

참고 주어251, 동사081, 보어113

103 문형

문장을 구성하는 형태나 패턴.

104 물질명사 ●

수량을 셀 수 없는 물질을 가리키는 명사. water 물, sand 모래, gold 금, wood 나무, plastic 플라스틱 등.

· I need some water. 물 좀 필요해.

105 미래시제 ●

미래의 행동이나 상태를 나타내는 문장. will이나 be going to로 표현한다.

· I will go tomorrow. 나 내일 갈 거야.

106 미래완료진행시제 / 미래완료진행형

미래의 어떤 시점에서 이미 진행 중이거나 계속되고 있는 행동을 나타낸다. 형태는 'will have been +현재분사'이다.

· By 10 o'clock, he will have been working for 5 hours. 10시면, 그는 이미 5시간 동안 일하고 있을 거야.

107 미래완료형 ○

미래의 어떤 시점까지 이미 완료된 행동이나 상태를 나타낸다. 'will have +과거분사'이다.

· I will have finished my work by 5pm.
5시까지 나는 내 일을 끝낼 거야.

108 미래진행형

미래의 특정 시간에 진행 중인 행동을 나타낸다. 형태는 'will be+현재분사'이다.

· I will be sleeping at midnight.
자정에 나는 자고 있을 거야.

109 배수, 배수사

몇 '배'인지 표현할 때 쓰는 단어.

· once, twice, times, double, triple...

· I want a double cheeseburger.
나는 더블 치즈버거를 원해.

110 법

말하는 사람의 태도에 따른 표현 방식의

차이. 직설법260, 명령법087, 가정법016 이 있다.

111 병렬구조 ●

등위 접속사086가 있어서 문장의 일부분의 구성요소(품사278)가 동일한 것.

· He likes reading and writing.
그는 읽기와 쓰기를 좋아해.

· I woke up early and went for a run.
나는 일찍 일어나서 달리기를 했다.

· I want to travel and to learn new languages.
나는 여행하고 새로운 언어를 배우고 싶다.

112 보류목적어

4형식문장007을 수동태로 만들 때 남게 되는 간접목적어를 말한다. 이 경우 간접목적어 앞에 to, for, of 등이 붙는다.

· An apple was given to me.
사과가 나에게 주어졌다.

113 보어 ★

주어나 목적어 뒤에서 주어나 목적어를 설명하는 역할을 하는 단어나 구.

· She is a teacher. 그녀가 선생님이다.

114 보어역할

보어113는 명사를 설명하는 문장의 필수 요소인데, 명사, 형용사, 전치사+명사가 보어의 기능을 하고 있을 때 보어역할을 한다고 말한다.

· My sister is a teacher.
나의 여동생은 선생님이다.

· The book is interesting.
그 책은 흥미롭다.

· The keys are on the table.
열쇠들은 테이블 위에 있다.

115 보통명사 ○

특정한 걸 가리키지 않는 일반적인 명사. book, car 등. 참고 고유명사031

· I want a book. 나는 책을 원해.

116 복문

접속사로 인해 절229이 2개 이상인 문장.

· I stayed home because it was raining.
비가 오고 있어서 집에 있었다.

117 복수형 ○

명사가 2개 이상이면 명사 뒤에 -s를 붙이는 것을 복수형이라 한다. 가끔 -s가 아니라 불규칙으로 바뀌는 명사의 복수형도 있다. 참고 불규칙변화(명사)146

· cats 고양이들 (고양이: cat)

118 복합관계대명사 ●

관계대명사042 뒤에 ever를 붙여서 '~든지'를 나타낸 말. 'whoever', 'whichever' 등. 비슷한 말 복합관계부사119

· Give it to whoever needs it.
필요한 사람에게 줘.

119 복합관계부사 ●

관계부사044 뒤에 ever를 붙여서 '~든지'를 나타낸 말. 비슷한 말 복합관계대명사 118

· Go wherever you want. 원하는 대로 가.

120 복합관계형용사

복합관계대명사를 '소유격169'으로 써서 바로 뒤에 명사가 나올 때, 이 복합관계대명사를 '복합관계형용사'라고 한다.

· You can choose whichever dessert you like.
당신이 좋아하는 디저트를 선택할 수 있습니다, 무엇이든지.

121 본동사 ★

문장에서 주요 동작을 나타내는 말이다. 특히 문장 구조에서 '주어-동사'의 '동사'에 해당하는 말을 '본동사'라 한다. 본동사는 접속사가 없다면 한 개의 절에 하나만 존재해야 한다. 반대말 준동사255

· She can sing. 그녀는 노래할 수 있다.

122 부가의문문 ○

평서문 277 뒤에 붙여서 확신이나 의심을 확인하려고 하는 의문문.

· She is a teacher, isn't she?
그녀는 선생님이지, 그렇지?

123 부대상황

부가적인 정보나 상황을 나타낸다.

· With his eyes closed, he felt the wind.
눈을 감은 채, 그는 바람을 느꼈어.

124 부분부정 ○

not과 함께 수량 형용사나 빈도 부사를 써서 특정한 단어만 부정하는 것.

· I am not always happy.
나는 항상 행복하지는 않다.

125 부사 ★

부사는 뒤에 '한다'를 붙이면 의미상 자연스러운 단어로, 명사를 제외한 모든 것(동사, 형용사, 다른 부사, 문장 전체 등)을 꾸며준다. quickly, well 같은 것들.

· He runs fast. 그는 빨리 달려.

· He is incredibly happy.
그는 믿기 힘들 정도로 행복하다.
incredibly는 형용사 happy를 수식

· She sings very beautifully.
그녀는 아주 아름답게 노래한다.
beautifully는 동사 sings를 수식,
very는 부사 beautifully를 수식

· Surprisingly, he passed the test.
놀랍게도, 그는 시험에 통과했다. surprisingly는 문장 전체를 수식

· I almost never eat fast food.
나는 거의 패스트푸드를 먹지 않는다.
almost는 부사 never를 수식

126 부사구 ○

2개 이상의 단어가 한 덩어리로 부사 역할을 하는 것.

· She sings in the morning. 그녀는 아침에 노래한다. in the morning이 부사구

127 부사적용법 ●

어떤 단어나 구(to부정사 등)를 '부사'로 쓰는 경우 부사적 용법이라 쓴다. to부정사의 경우 부사의 위치에서는 '~하기 위해', '~해서'를 뜻한다.

· I study hard to pass the exam.
나는 시험에 합격하기 위해 열심히 공부한다.

128 부사절 ●

종속접속사와 함께 주절 254 에 부가적으로 추가하는 절 229. 주절의 입장에서는 '부사 125' 역할을 하므로 '부사절'이라고 한다.

· If it rains, we will stay home.
비가오면, 우리는 집에 머물 것이다.

129 부정 ●

문법에서 '부정'은 '아니다'는 말을 일컫거나(부정문 132), '(위치 등이) 정해지지 않았다'를 의미 한다(to부정사 012, 부정관사 130).

130 부정관사 ●

a, an을 일컫는 말. 듣는 사람 입장에서 특정되지 않은 어떤 한 개의 명사 앞에 쓰는 한정사 280 이다. **비슷한 말** 정관사 234

· I have a book. 나는 책을 하나 가지고 있어.

131 부정대명사 ●

'nobody', 'nothing' 등 no가 붙은 대명사를 일컫는다. 아무도, 아무 것도 등의 의미를 가진다.

· Nobody knows. 아무도 몰라.

132 부정문 ★

'아니다'를 의미하는 문장. 주로 조동사나 be동사 뒤에 not을 붙여 표현한다.

· She is not here. 그녀는 여기 없어.

133 부정부사 ○

'아니다'라는 의미를 가진 부사들. 'not', 'never' 등. 부정어137의 하위 개념.

· I do not like it. 나는 그걸 좋아하지 않아.

134 부정사 ●

동사원형083 앞에 'to'를 붙인 형태. 주로 목적어 자리에서 명사(~하는 것)으로 쓰이며, 그 외의 위치에서는 부사(~하기 위해)로 해석된다.

· I want to go. 나는 가기를 원한다.
to go가 목적어095자리에 쓰여서 '가는 것을'을 뜻한다.

135 부정사구

to부정사012가 포함이 된 2개 이상의 단어를 의미상 한 덩어리로 일컬을 때.

· She seems to be tired. 그녀는 피곤해 보인다.

136 부정수량형용사 ○

정확히 정해지지 않은 수에 대해 크고 작음을 나타내는 형용사. 참고 한정사280

· many 수가 많은
· much 양이 많은
· few (부정적 어감의) 2~3개인
· a few (긍정적 어감의) 2~3개인
· little (부정적 어감의) 크기가 작은
· a little (긍정적 어감의) 크기가 작은
· some (뚜렷한) 약간의
· any (모호한) 약간의

137 부정어 ○

'아니다'라는 의미를 가진 단어들. no, not, never 등. no는 형용사292이므로 명사를 꾸미고, not은 부사125이므로 명사 외에 다른 단어를 꾸민다.

· He is not happy. 그는 행복하지 않아.
· No one knows the answer.
아무도 그 답을 모른다.

138 부정적 ●

'아니다'라는 어감. 반대말 긍정적

139 분사 ●

동사를 형용사로 만든 것을 '분사'라고 한다. 동사 뒤에 '-ing'나 '-ed'를 붙인다. -ing가 붙으면 '~하는 중인'을(현재분사285), -ed가 붙으면 '~당해진'을 의미한다(과거분사034).

· The broken toy is on the floor
깨진 장난감이 바닥에 있어.

140 분사구

현재분사285나 과거분사034를 포함한 2개 이상의 단어를 한 덩어리로 일컬을 때.

141 분사구문 ●

분사139구로 시작하는 문장. 분사의 행위자는 문장의 주어251이며, 분사구는 주로 '~하면서'로 해석한다.

· Feeling hungry, I made a sandwich.
배고프게 느끼면서, 나는 샌드위치를 만들었다.
· Tired from work, she took a nap.
일로 피곤한 상태이면서, 그녀는 낮잠을 잤다.

142 분사구문의 시제

분사구문141의 시제는 주절의 시제와 같다. 하지만 주절의 시제보다 이전의 시제임을 표현하기 위해서는 having +과거분사 형태를 쓴다.

· Having finished her homework, she went out to play.
그녀는 숙제를 끝내고 나서, 밖으로 놀러 갔다.

143 분수

1보다 작은 수를 표현할 수 있는 수. 분자는 기수058로 읽고 분모는 서수161로 읽는다. 분모를 읽을 때 분자가 2 이상이면 복수취급한다.

· 1/3: one third

· 2/3: two thirds

144 불가산명사 ★

셀 수 없는 명사. 영영사전에서 불가산 명사는 U(Uncountable)로 표기한다. 반대말 가산명사015

· water 물, music 음악, information 정보, money 돈, rice 쌀, knowledge 지식, homework 숙제, luggage 수하물, furniture 가구, advice 조언 등

145 불규칙동사 ★

동사의 과거와 과거분사 형태가 규칙적으로 바뀌지 않는 동사. 규칙적으로 바뀌는 동사들은 동사에 -ed를 붙이지만 그렇지 않은 동사는 다르게 바뀐다. go, eat 등. 부록1 유형별 불규칙 동사 28쪽

· go (현재) - went (과거) - gone (과거분사)
가다 - 갔다 - 갔었다

146 불규칙변화(명사) ●

명사의 복수형이 일반적인 규칙과 다른 경우. 규칙변화053

· cactus - cacti 선인장
· child - children 아이
· crisis - crises 위기
· foot - feet 발
· fungus - fungi 버섯
· goose - geese 거위
· man - men 남자
· mouse - mice 쥐
· person - people 사람
· shelf - shelves 선반
· thief - thieves 도둑
· tooth - teeth 치아
· woman - women 여자

147 불규칙변화(형용사,부사) ●

비교급, 최상급 변화가 일반적인 규칙과 다른 경우. 참고 규칙변화(형용사,부사)054

· bad - worse - worst
나쁜 - 더 나쁜 - 가장 나쁜
· badly - worse - worst
나쁘게 - 더 나쁘게 - 가장 나쁘게
· far - further/farther - furthest/farthest
멀리 - 더 멀리/더 멀리 - 가장 멀리/가장 멀리
· good - better - best
좋은 - 더 좋은 - 가장 좋은
· little - less - least
적은 - 더 적은 - 가장 적은
· many/much - more - most
많은/많은 - 더 많은 - 가장 많은
· much - more - most
많이 - 더 많이 - 가장 많이
· old - older/elder - oldest/eldest
늙은 - 더 늙은/더 늙은 - 가장 늙은/가장 늙은
· well - better - best
잘 - 더 잘 - 가장 잘

148 불완전자동사 ●

보어113가 꼭 필요한 동사. 2형식 문장003을 만든다.

· appear 나타나다, become 되다, come 오다, fall 떨어지다, feel 느끼다, get 얻다, go 가다, grow 자라다, keep 유지하다, look 보이다, make 만들다, prove 증명하다, remain 남다, seem ~처럼 보이다, smell 냄새나다, sound 소리가 나다, stay 머무르다, taste 맛이 나다, turn 변하다

149 비교 ○

두 개 이상의 것을 서로 비교하는 것. 원급 비교205, 비교급 비교150, 최상급 비교268가 있다.

150 비교급 ●

명사 2개를 비교해서 어떤 것이 더 낫다고 표현하는 문장. 형용사나 부사 뒤에 -er를 붙이거나, 3음절 이상인 경우에는 앞에 'more'를 붙여 표현한다.

· She is smarter. 그녀는 더 똑똑해.
smart: 똑똑한, smarter: 더 똑똑한

151 비교변화

형용사와 부사를 비교하는 데 쓰기 위해 비교급150과 최상급268 형태로 변화시키는 것.

· big - bigger - biggest
큰 - 더 큰 - 가장 큰

152 비동사 / be동사 ★

주어의 상태나 모습에 대해 설명할 때 쓰는 동사로, 뒤에 어떤 상태나 모습인지를 설명하는 '보어113'가 나와서 2형식 문장003을 만든다. 주어에 따라 형태가 다른데, am, is, are, was, were, be, been, being이 있다. 반대말 일반동사220

153 비례

문장 중 한 쪽이 변화함에 따라 다른 한쪽도 변화하는 구문 종류. 주로 접속사 as나 the more~ the more 구문을 말한다.

· The more you eat, the fatter you get.
먹을수록 더 뚱뚱해져.

154 비인칭독립분사구문

비인칭 독립분사구문의 주어가 막연한 일반인일 때, 분사구문의 의미상 주어214가 문장의 주어가 아님에도 독립분사구문077처럼 따로 명사를 쓰지 않는다.

· Generally speaking, apples are healthy. 대체로 말하자면, 사과는 건강에 좋다.

155 비인칭주어 it

상황이나 일반적인 사실을 나타내기 위해 주어251로 사용하는 it. 내용상 뻔히 무엇을 일컫는지 알기에 it을 주어로 쓴다.

· It's raining. 비가 오네.

156 빈도부사 ●

얼마나 자주 일어나는지를 나타내는 부사. always, often, sometimes 등.

· I always study at night.
나는 항상 밤에 공부해.

157 사역동사 ★

다른 사람에게 어떤 일을 시키는 동사 중에 make, let, have를 일컫는다. 이 동사들 뒤의 목적격보어094는 동사 원형만을 써야한다.

· I had him do the work.
나는 그에게 일을 시켰어.

158 삽입 ○

주로 콤마(,)271나 대시(—)074를 써서 문장 중간에 정보나 부연 설명을 위해 넣는 부분.

· He, however, didn't agree. 그는, 그러나, 동의하지 않았어. however가 삽입됐다.

159 상관접속사 ○

등위상관접속사085를 일컫는다. 짝을 이루는 등위접속사를 말하며 neither...nor, either...or 등이 있다.

· Neither he nor I was there.
그도, 나도 거기에 없었어.

160 생략 ●

뻔히 유추가 가능한 단어를 빼는 것. 영어에서는 주로 '주어+be동사', '명사절 that'를 말한다. 또는 등위접속사에서 and, but, or 바로 뒤에 반복되는 말을 생략하는 것을 말한다.

· I bought a book and (I) read it.
나는 책을 샀고 그걸 읽었어.

161 서수 / 서수사 ○

순서를 나타내는 수. first, second 등.

· He finished third.
그는 세 번째로 끝냈어.

162 서술용법 / 서술적용법 ●

'보어(주격보어/목적격보어)113'의 위치

에서 형용사(또는 형용사 절)가 명사를 꾸며주는 것을 '서술 용법'이라고 한다. 반대말 한정용법281.

· The sky is blue. 하늘은 파랗다.

163 선택의문문

두 가지 이상의 선택 중에서 하나를 묻는 문장. 주로 or를 써서 표현한다.

· Do you want coffee or tea?
커피를 원해? 아니면 차를 원해?

164 선행사 ●

주로 관계대명사나 관계부사 바로 앞에 오는 단어. 이후에는 관계 대명사나 관계부사가 그 단어의 뜻을 갖게 된다.

· This is the man who helped me.
이게 나를 도와준 남자다.

· I remember the day when we met.
나는 우리가 만난 그 날을 기억해.

165 세미콜론 ○

세미콜론 양 옆의 문장이 서로 관련이 있음을 뜻한다.

· Cats are independent animals; they often spend time alone.
고양이는 독립적인 동물이다; 그들은 종종 혼자서 시간을 보낸다.

166 셀 수 없는 명사 ★

불가산 명사144를 쉽게 풀어쓴 말.

167 셀 수 있는 명사 ★

가산명사015를 쉽게 풀어쓴 말.

168 소수

1보다 작은 수. '.'은 point(포인트)로 읽고, 소수점 아래는 숫자를 하나씩 끊어서 읽는다.

· 0.15: zero point one five

169 소유격 ★

누구의 것인지 나타내는 단어의 형태. '~의'라는 뜻을 가지고 있다. 대명사는 my나의, your너의, his그의, her그녀의, their그들의, our우리의, its그것의로 형태가 달라지고, 대명사가 아닌 명사에는 's를 붙이거나 전치사 of를 써서 나타낸다.

· That is John's car. 그건 존의 차야.

170 소유격형용사 ●

소유를 나타내는 형용사.

· my 나의, your 너의, his 그의, her 그녀의, our 우리의, their 그들의, its 그것의

171 소유대명사 ●

누구의 것인지 나타내는 대명사.

· mine 나의 것, yours 너의 것, his 그의 것

· That book is mine. 그 책은 내 거야.

172 수동 ●

주어가 동사의 행위를 하지 않고, 당하는 것을 나타낸다. 참고 수동태173

173 수동태 ★

주어가 동작의 행위자가 아니라, 아무 것도 안하고 '당하는 입장'인 문장을 수동태라고 한다. 형태는 be+과거분사이다. 참고 태273

· The book was written by John.
그 책은 존에 의해 쓰였어.

174 수량대명사

얼마나 많은지 나타내는 대명사. 수량 형용사175 바로 뒤에 명사를 쓰지 않으면, 수량 대명사로 쓴 것이다.

· many 많은 것들, few 2~3개, several 4~6개

175 수량한정사 / 수량형용사 ○

몇 개인지, 얼마나 많은지를 나타내는 한정사280.

a lot of 많은, a few 2~3개의

176 수사 ○

수를 나타내는 단어.

· one 하나, two 둘, three 셋

177 수식

어떤 단어나 문장의 일부를 꾸며서 더 구체적으로 나타내는 것을 수식한다고 말한다.

· The red car is mine. 그 빨간 차는 나의 것이다. red가 car를 수식하고 있다.

178 수식어

다른 단어를 더 구체적으로 꾸며주는 단어나 구.

· She quickly ran to the store.
그녀는 빨리 가게로 달렸다. quickly는 ran을 꾸미는 수식어이다.

179 수여동사 ○

'주는 의미'를 가지 동사 중에 4형식 문장 구조007를 가진 동사를 수여동사(=4형식 동사)라고 한다.

180 수의일치 ●

한 문장에서 주어와 동사가 단수나 복수로 일치하는 것. 일치222 시제일치185

· The boy is here. 소년이 여기 있어. boy가 한 명이므로 is를 썼다.

· The boys are here. 소년들이 여기 있어. 소년이 여러명이므로 are를 썼다.

181 숙어 ●

두 단어 이상이 한 덩어리가 되어 뜻을 갖는 구.

· I put on my coat. 나는 외투를 입는다.

182 술부

'주부250'를 제외한 나머지 말을 일컫는다. 주로 동사가 중심이 된다.

· He plays the guitar. 그는 기타를 연주한다. plays the guitar가 술부임

183 시간부사절 ○

시간과 관련된 종속접속사242를 써서 나타내는 시간과 관련된 부사절.

· I'll go to the market when it stops raining.
비가 그치면 나는 시장에 갈 거야.

184 시제 ★

동사가 나타내는 행동이나 상황의 시간적 관점.

· She reads books. 그녀는 책을 읽는다. reads의 시세는 현재이다.

185 시제일치 / 시제의일치 ●

주절의 시제에 종속절의 시제가 맞춰지는 현상.

· She said that she was tired.
그녀가 지쳤다고 말했다. said가 과거시제이므로 was도 과거시제를 사용했다.

186 양보 ●

주절이 원하는 것과 반대되는 상황이지만 극복하기로 마음 먹은 일을 나타낸다. 주로 though, despite 등을 써서 나타낸다.

· It's raining outside, though we still have to go to school. 밖에 비가 오지만, 우리는 여전히 학교에 가야 해.

· Despite the rain, he went for a jog.
비에도 불구하고, 그는 조깅을 했다.

187 양보부사절

종속접속사242 though, although 등을 써서, 주절과는 반대되는 상황을 나타내는 부사절. '~하지만', '~하여도'를 의미한다.

· Although he studied hard, he didn't pass the exam. 그는 열심히 공부했지만, 시험에 합격하지 못했다.

188 양태

말하는 사람의 태도를 일컫는 것. 주로 as if나 as 써서 표현한다.

· He talks as if he knows everything. 그는 마

치 모든 것을 알고 있는 것처럼 말한다.

· Cook the fish as the recipe instructs. 레시피에 따라 물고기를 요리하라.

189 양태부사 ○

동사의 행동 방식이나 형태, 상태를 설명하는 부사. 주로 문장의 주요성분(1~5형식) 뒤에 쓰거나, 동사 바로 앞에 쓴다.

· She sings beautifully. 그녀는 아름답게 노래한다. (beautifully가 양태부사임)

190 어순 ●

단어의 순서를 어순이라고 한다. 영어는 단어의 순서로 의미를 전달하기 때문에 한국말보다 어순이 훨씬 중요하다.

· I love chocolate. 나는 초콜릿을 사랑한다. '주어I-동사love-목적어chocolate'로 가장 일반적인 어순이다.

191 어형

단어의 형태를 일컫는다. 동사원형083, 현재분사형285.

192 여성명사

여성을 지칭하는 명사.

· woman 여자, girl 소녀, mother 어머니

193 역할 ○

문장 내에서 각 단어나 구, 절이 하는 기능. '역할' 대신 '용법203'으로도 쓴다.

· She gave him a book. 그녀는 그에게 한 책을 줬다. she: 주어 역할, gave: 동사 역할, him: 간접목적어 역할, a book: 직접목적어 역할

194 연결동사 ●

be동사011의 영어 명칭인 linking verb를 그대로 해석한 말.

195 열등비교

두 개 중에서 '덜 ~한' 것을 비교할 때 사용한다.

· She is less talented than her sister. 그녀는 그녀의 자매보다 재능이 적다.

196 예외

일반적인 규칙에서 벗어나는 경우.

· 동사의 과거를 만들 때는 동사에 -ed를 붙여 만들어야 하는데, 형태가 변하는 '불규칙동사'들을 예외라고 할 수 있다. go의 과거형은 went인 것은 예외이다.

197 완료동명사

having+과거분사의 형태로 본동사의 시제보다 이전을 나타낸다.

· I felt much better having finished all my work. 모든 일을 끝마친 후에 훨씬 좋아졌다.

198 완료시제 ●

과거의 있었던 행동이지만, 그 행동을 해본 현재에 관심이 있을 때 쓰는 시제. 'have+과거분사'의 형태를 갖는다.

· She has visited Paris.
그녀는 과거에 파리를 방문해본 적이 있다.

199 완료진행시제 ○

이전부터 해왔고, 지금도 계속 하고 있는 일에 대한 시제.

· She have been reading the book.
그녀는 (계속) 그 책을 읽고 있었다.

200 완전자동사 ○

목적어나 보어113가 필요 없는 자동사223로, be동사011를 제외한 모든 자동사를 완전자동사라고 한다.

· He arrived early. 그는 일찍 도착했다.

201 완전타동사 ●

목적어를 꼭 써야하는 동사. 3형식006이나 4형식007을 만드는 동사를 일컫는다.

· She loves chocolates.
그녀는 초콜릿을 사랑한다.

202 왕래발착동사

오거나 가는 것에 대한 동사를 일컫는다. 종류로는 come, arrive, depart, go, leave 등이 있다. 이러한 동사들은 미래의 일인데도 현재로 쓸 수 있다.

203 용법 ○

단어나 문법의 사용 방법.

204 우등비교

두 개 중에서 '더 ~한 것'을 비교할 때 사용한다.

· She is more beautiful than her sister.
그녀는 그녀의 자매보다 더욱 아름답다.

205 원급 / 원급비교 ●

형용사나 부사 등을 as와 as 사이에 넣어 두 명사의 성질이 비슷하다고 할 때 쓰는 비교 방법.

· She is as tall as you are.
그녀는 너만큼 키가 크다

206 원형부정사 ●

의미상은 to부정사로 해석되지만, 사역동사157나 지각동사257 뒤에서 to 없이 동사원형만 쓰는 것을 원형부정사라고 한다.

· She let him use her car.
그녀는 그에게 자신의 차를 사용하게 했다.

· My boss made me work overtime.
내 상사는 나에게 초과근무를 하게 했다.

· I saw her cross the street.
나는 그녀가 길을 건너는 것을 봤다.

207 위치부사

위치나 방향을 나타내는 부사.

· The cat sat here. 그 고양이는 여기 앉았다.

208 유도부사

문장의 앞부분에서 바로 뒤에 동사가 나오게 유도하는 부사. 주로 처음 등장하는 명사를 소개하기 위해 쓴다.

· There is a cat. 어떤 고양이가 있다.

· Here comes the bus. 버스가 온다.

209 유사관계대명사

as, but, than를 등위접속사086로 쓸 때 뒤에 주어나 목적어가 생략되면서 마치 관계대명사처럼 느껴지는 경우를 일컫는다.

· She has more friends than I have.
그녀는 나보다 친구가 더 많다.

210 의문대명사 ●

의문문211에서 의문사213가 대명사 역할을 할 때 '의문대명사'라고 한다. 의문사가 명사 역할을 하기에, 주어나 목적어가 빠진다. 주로 who, what, which를 일컫는다.

· Who is that? 저게 누구야?

211 의문문 ★

물어보는 문장. 주로 문장 앞에 의문사213와 조동사239를 써서 만든다.

· Where are you going?
어디를 가는 중이니?

212 의문부사 ●

질문에서 사용되는 부사.

· When did he arrive? 그는 언제 도착했어?

213 의문사 ●

질문에서 사용하는 단어. wh로 시작하는 경우가 많으며, 의문대명사210와 의문부사212의 상위단어.

· What is your favorite color?
네가 좋아하는 색깔이 뭐니?

· When is your birthday?
네 생일은 언제에요?

· Whose pen is this? 이것은 누구의 펜이야?

214 의미상주어 ●

주어 역할을 하는 단어. 보통은 문장의 주어가 아닌 다른 단어(주로 동사의 바로 앞의 명사)가 주어 역할을 할 때 쓰는 표현.

· It is difficult for me to wake up early.
나에게는 일찍 일어나는 것이 어려워. wake up의 의미상 주어는 me이다.

215 의지미래

will이나 shall에 '의지'를 더 많이 담아 표현하는 경우.

216 이어동사

'동사+부사' 형태의 2단어(2어)로 된 구동사 050 를 일컫는다.

217 이중소유격 ●

명사+of+소유대명사(/또는 명사's)의 구조를 가지며, of에서 한 번, 소유대명사에서 또 한 번, 총 두 번의 소유격을 가진 명사구 089 를 이중소유격이라 말한다.

· This is a friend of mine.
이것이 내가 가진 친구야.

218 인칭 ●

문장의 주어가 나타내는 시점.

· 1인칭: I(나)
· 2인칭: you(너)
· 3인칭: 그 외

219 인칭대명사 ★

나, 너, 우리 등 인칭을 나타내는 대명사 071 의 하위 개념. 참고 지시대명사 258

· I 나, you 너, he 그, she 그녀, we 우리, they 그들

220 일반동사 ★

be동사 011 를 제외한 모든 동사를 일컫는 말. 참고로 조동사 239 는 동사가 아니다.

· have 가지다, know 안다, go, 가다, get 생기다, think 생각하다, want 원하다, like 좋아하다, come 오다, say 말하다 등

221 일반의문문

의문사 213 를 쓰지 않고 만든 의문문. 주로 be동사나 조동사로 시작한다.

· Do you like chocolate?
너는 초콜릿을 좋아하니?

222 일치 ○

주어와 동사 또는 명사와 수식어 사이의 일관성. 주로 '수의일치 180 '나 '시제의 일치 185 '를 일컫는다.

· The dogs are barking. 그 개들은 짖고 있다.
dogs가 여러마리여서 are를 써서 일치함.

223 자동사 ★

목적어를 쓰지 않는 동사. 1형식 002 문장의 동사를 일컫는다.

· He sleeps.그는 잔다.

224 장소부사

위치나 방향을 나타내는 부사.

· The book is here. 그 책은 여기있다.

225 재귀대명사 ○

스스로나 자신을 가리키는 대명사. 대명사 뒤에 self나 selves가 붙는 형태로, 주어와 목적어가 같을 때 목적어에 쓴다.

· She bought herself a dress.
그녀는 그녀 자신에게 드레스를 사줬다.

226 전치사 ★

명사나 대명사 앞에 써서, 한국말의 조사(~는, ~에서, ~를 등)처럼 명사와 한 덩어리로 해석된다. 다만, 의미상은 동사와 연결해서 해석된다. 그래서 전치사 구는 대부분 부사구 126 를 만든다.

· The cat is on the table. 그 고양이는 탁자에 있다. 전치사는 on은 명사 the table과 한 덩어리가 돼서, 동사 is에 연결시켜 해석한다.

227 전치사+관계대명사 ○

관계대명사042 앞에 전치사226가 있는 것. 전치사와 관계대명사가 한 덩어리로 해석된다.

· The book on which I took notes is in my bag. 내가 필기한 책은 내 가방에 있다.

228 전치사구

전치사가 포함된 2개 이상의 단어를 한 덩어리로 일컬을 때 쓰는 말.

· She makes coffee in the morning. 그녀는 아침에 커피를 만든다.

229 절 ●

'주어-동사'로 연결된 덩어리를 '절'이라고 한다. 여기서 '동사'는 '본동사121'만을 일컫는다. 단어069 < 구049 < 절229 < 문장098

230 접두사, 접두어 ○

단어의 시작 부분에 붙어 그 의미를 변경하는 부분.

· unhappy 행복하지 않은 (un이 접두사)

231 접미사, 접미어 ○

단어의 끝 부분에 붙어 그 의미나 품사를 변경하는 부분. 부록2의 품사별 접미사 30쪽

· kindness 친절함 (ness가 접미사)

232 접속부사 ○

문장의 맨 앞에 써서 문장 간의 내용의 연결을 긴밀하게 하는 부사.

· Therefore, he decided to leave. 그러므로, 그는 떠나기로 결정했다.

233 접속사 ★

접속사는 종속접속사242와 등위접속사086로 나뉘며, 종속접속사는 두 개의 절229을 하나로 연결하는 단어이고, 등위접속사는 단어, 구, 절을 연결한다.

· She is happy because she passed her exam. 그녀는 시험에 합격해서 행복하다. because: 종속접속사

· She likes tea and coffee. 그녀는 차와 커피를 좋아한다. and: 등위접속사

234 정관사 ●

서로 알고 있는 특정한 것을 가리킬 때 쓰는 관사. the를 일컫는다. 참고 부정관사130

· The cat is sleeping. 그 고양이는 자는 중이다.

235 정도부사 ○

동사, 형용사, 다른 부사의 정도를 나타내는 부사.

· She is very tired. 그녀는 아주 지쳤다.

236 정수

소수점이 없는 보통의 수.

· 1, 2, 3...

237 제한적 용법 / 한정적용법

'보어'의 위치 외에 다른 위치에서 형용사(또는 형용사 절)가 명사를 꾸며주는 것을 '한정적 용법'이라고 한다. 주로 한정사와 명사 사이, 거나 명사 뒤에서 꾸밀 때를 말한다. 반대말 서술적 용법162

· She wore a red dress. 그녀는 빨간 드레스를 입었다.

238 조건문

if를 사용한 문장임에도, 시제를 뒤로 후퇴해서 말하지 않고, 시제 그대로 쓰는 것. 주로 미래를 가정할 때 쓴다.

· If you study hard, you will pass the test. 네가 열심히 공부한다면, 너는 시험을 통과할 것이다.

239 조동사 ★

동사 바로 앞에 써서 더 상세한 어감을 나타낸다.

· will ~할 것이다, can ~할 수 있다, may ~할 것 같다, must ~해야 한다, shall ~해라, 하실래요? would ~하려고 한다, could ~할 수도 있다, might ~할지도 모른다, should, need ~할 필요가 있다, dare 감히 ~하다 등

· She can swim. 그녀는 수영할 수 있다. swim 수영한다 / can swim 수영할 수 있다.

240 조동사+have+과거분사

주로 과거에 하지 못한 일에 대한 추측이나 후회를 나타낸다.

· You should have studied for the test. 너는 시험을 위해 공부했어야 했어.

· We might have missed the train. 우리는 그 기차를 놓쳤을 수 있었어.

241 종속절 ●

접속사와 접속사 바로 뒤에 붙어있는 절을 한 덩어리로 종속절이라고 한다. 영어에서 원칙은 종속절만 존재할 수는 없다. 주절254이 꼭 함께 나와야 한다.

· I know that she is coming. 나는 그녀가 올 것을 알아.

242 종속접속사 ★

종속절241 앞에 써서, 종속절을 주절254에 연결하는 접속사. 참고 등위접속사086

· She left because she was tired. 그녀는 피곤해서 떠났어.because가 종속접속사

243 종위상관접속사

종속접속사242와 함께 특정한 형태로 쓰는 관용구048를 일컫는다. 종류로 so that~, such ~ that 등이 있다.

· I woke up early so that I could catch the train. 나는 기차를 타기 위해 일찍 일어났어.

· It was so cold that I couldn't go outside. 날씨가 너무 춥어서 나는 밖에 나갈 수 없었어.

· It was such a boring movie that I fell asleep. 그것은 지루한 영화였어서 나는 잠들었어.

244 종위접속사

종속접속사242를 종위접속사라고 하기도 한다.

245 주격 ★

주어로 쓰이는 단어나 구를 일컫는다. 참고 격028, 소유격169

· He loves her.그는 그녀를 사랑한다.

246 주격 보어 ★

be동사 뒤에서 주어를 설명하는 부분을 일컫는다.

· I am happy. 나는 행복하다.

247 주격관계대명사 ★

관계대명사042가 종속절에서 '주어' 역할을 할 때 일컫는 말.

· I met a girl who is from Canada. 나는 캐나다 출신인 여자를 만났다.

· I read a book which was really fun. 나는 정말 재미있는 책을 읽었다.

248 주격대명사

주어로 쓰이는 형태의 대명사071. 참고 주격245

· She is my friend. 그녀는 나의 친구이다.

249 주격보어 ★

be동사 뒤에서 주어를 설명하는 명사, 형용사, 전치사+명사.

· I am a student. 나는 학생이다. 주어는 I, 주격보어는 a student

250 주부

문장의 주어 부분을 '주부'라고 한다. 그 외의 부분은 술부182라고 한다.

· They are going to the park. 그들은 공원에 가고 있다.

251 주어 ★

주로 문장의 맨 앞에 쓰는 명사로, 그 문장

의 행동을 하거나(일반동사220) 상태가 적용되는(be동사011) 명사를 말한다.

· The dog barks. 그 개가 짖는다.

252 주어역할 ●

문장에서 주어로 기능하는 단어나 구.

· Running is good for health. 달리기는 건강에 좋다. Running이 주어역할을 한다.

253 주어와 동사의 일치 ●

주어와 동사가 수와 인칭에 따라 문법이 자연스럽도록 맞춰주는 것. 수의 일치180

· She runs every day. 그녀는 매일 달린다. 그녀(she)가 3인칭 단수라 runs를 썼다.

254 주절 ●

문장에서 주된 이야기를 하는 절. 종속절241과는 달리 그 자체로 하나의 문장098이 될 수 있다.

255 준동사 ★

'본동사121'를 제외한 모든 동사를 '준동사'라고 한다. 원칙은 준동사는 동사의 앞에 to가 붙거나, 뒤에 ing나 ed가 붙어야 한다.

· I want to eat ice cream.
나는 아이스크림을 먹기를 원한다.

256 중문

등위접속사086를 사용하여 의미상 2개 이상의 절229이 한 문장에 있는 것.

257 지각동사 ○

눈, 귀 등의 감각을 통해 지각하는 동작을 나타내는 동사. 일부 지각 동사들은 보어113를 쓰기도 하고, 목적어 뒤에 동사원형083을 쓰기도 한다. 감각동사022

· I see a bird. 나는 새를 본다.

258 지시대명사 ★

이것(this), 저것(that)처럼, 거리감과 함께 특정 사물이나 사람을 가리키는 대명사.

· This is my pen. 이것은 나의 펜이다.

259 지시형용사

특정한 명사를 가리키기 위해 사용되는 형용사이다. 지시대명사258와 형태는 같지만, 지시형용사는 바로 뒤에 '명사'가 와서 '한정사280'로 쓰인다.

· This book is interesting. 이 책은 흥미롭다.

260 직설법 ○

어떤 사실이나 의견을 직접적으로 전달하는 표현 방식으로 평서문, 의문문, 감탄문을 일컫는다. 참고 명령법087, 가정법016

261 직접명령문

직접적으로 명령하는 문장. 동사원형부터 문장이 시작되며, 생략된 주어는 대부분 you이다.

· Open the door. 그 문을 열어.

262 직접목적어 ●

동사의 행동이 직접 영향을 받는 명사나 대명사. 모든 목적어095는 사실 '직접목적어'이지만, 영문법에서는 4형식 문장007에서 '간접목적어'와 구분하기 위해 이 용어를 쓴다.

· I love music. 나는 음악을 사랑해.

263 직접화법 ●

큰 따옴표("/")를 써서 누군가 했던 말을 말한 그대로 전하는 것. 반대말 간접화법021

· He said, "I am feeling better today".
그는 말했다, "나는 오늘 기분이 좋아".

264 진행시제 ○

어떤 행동이 계속 되고있음을 나타내는 시제. be동사+현재분사285로 나타낸다.

· She is reading a book.
그녀는 책을 읽는 중이다.

265 진행형 ★

행동이 계속 진행 중임을 나타내는 동사의 형태이다. 동사 뒤에 -ing를 붙여서 나타낸다. 참고 과거분사형 035

· The kids are playing outside. 그 아이들은 밖에서 노는 중이다.

266 집합명사 ●

여러 개의 개체를 하나의 그룹으로 표현하는 명사. 집합 자체를 나타낼 때는 단수취급, 개별 개체들을 나타낼 때는 복수취급을 한다.

· team 팀, group 그룹, flock 떼. family 가족, class 반 등

267 차등비교

비교급 150의 다른 말이다. 우등비교 204와 열등비교 195를 합친 말.

268 최상급 / 최상급비교 ●

가장 뛰어난 것이나 가장 못난 것을 나타낼 때 쓴다. 형용사나 부사 뒤에 est를 붙이거나, 3음절 이상인 경우 앞에 most를 붙여서 나타낸다.

· She is the tallest girl in our class.
그녀는 우리 반에서 제일 키가 큰 여자애다.

· He is the most generous person I know. 그는 내가 알고 있는 사람 중에서 가장 관대한 사람이다.

269 추상명사 ●

눈으로 볼 수 없는 개념이나 생각을 나타내는 명사. 주로 불가산으로 취급한다.

· love 사랑, freedom 자유, happiness 행복

270 콜론 ○

문장이나 단어에 속하는 것이 무엇인지 열거할 때 콜론(:)을 쓴다.

· She has two hobbies: painting and playing the piano. 그녀에게는 두 가지 취미가 있다: 그림 그리기와 피아노 연주하기.

271 콤마 ●

콤마(,)로 단어나 구, 절의 구분을 짓는다. 콤마(,)가 한 개면 주로 문장의 뒤에 있는 부사구나 부사절이 앞으로 나온 것을 뜻하고, 콤마(,)가 2개면 주로 콤마 2개 사이에 있는 것이 삽입된 것을 뜻한다.

· After school, he goes to the playground.
학교 (수업) 후, 그는 운동장에 간다.

· My friend, who is a doctor, lives in New York.
나의 친구, 그는 의사인데, 뉴욕에 산다.

272 타동사 ★

목적어가 필요한 동사. 동사 앞에 '무엇을'을 넣었을 때 자연스러우면 대부분 타동사이고, 자연스럽지 않다면 자동사 223이다.

· I read a book. 나는 책을 읽는다.

273 태 ○

관점에 따라 달라지는 표현 방식을 '태'라고 하며, 행동을 하는 입장에서 말하는 것을 능동태 063, 행동을 당하는 입장에서 말하는 것을 수동태 173라고 한다.

· I read a book. 나는 책을 읽는다. 능동태

· A book is written. 책이 읽혀진다. 수동태

274 통성명사

남성과 여성 양쪽을 포함하는 명사.

· parent 부모, spouse 배우자, friend 친구

275 특수구문

강조 025, 도치 075 등 일반적인 문법 규칙과 다르게 구성되는 표현이나 구조.

· Little did I know. 나는 적게 알았다. 원래 문장은 I knew little 인데 강조하기 위해 little을 앞으로 보냈고, 그래서 도치돼서 did를 썼다.

276 파생어
기본 단어에서 파생된 단어.

· happiness 행복 happy에서 파생된 단어

277 평서문 ★
not이 들어가지 않은 일반적인 문장.

· The sky is blue.그 하늘은 푸르다.

278 품사 ★
단어의 문법적 분류. 참고 8품사009

· 명사, 동사, 대명사, 전치사 등.

279 피동
주어가 동사의 행위를 하지 않고, 당하는 것을 나타낸다. 참고 수동태173

280 한정사 ★
어떤 명사를 가리키는지 머리속에 그림을 그릴 수 있도록 그 명사의 기본적인 속성을 알려주는 단어. 관사047, 정관사234, 소유대명사171, 지시형용사259, 수량형용사0175 등.

· The 그, a 한, an 한, my 나의, your 너의, this 이, all 모든, some 약간의 등

281 한정용법 / 한정적용법 ●
'보어113'의 위치가 아닌, 다른 위치에서 형용사(또는 형용사 절)가 명사를 꾸며주는 것을 '한정용법'이라고 한다. 주로 한정사와 명사 사이를 말한다. 비슷한 말 제한적용법239 반대말 서술적 용법162

· She wore a red dress.
그녀는 빨간 드레스를 입었다.

282 합성전치사
전치사를 포함해서 2개 이상의 단어가 한 덩어리로 의미를 가지는 것. 비슷한 말 전치사구228

· because of ~때문에 , in front of ~앞에

283 합성타동사
동사를 포함해서 2개 이상의 단어(주로 전치사나 부사)가 특정한 의미를 가지는 것. 비슷한 말 동사구082

· Look up (a word) (단어를) 찾다.

· Run into (someone).(누군가) 우연히 만나다.

284 행위자
동작이나 행동의 주체. 보통은 문장의 주어251를 일컫지만, 수동태173에서는 by 다음의 명사를 일컫는다. 의미상주어214를 일컫기도 한다.

· Tom kicked the ball. 탐은 그 공을 찼다.

· The ball is kicked by Tom.
그 공은 탐에 의해 차졌다.

285 현재분사 / 현재분사형 ★
동사 뒤에 -ing가 붙은 형태로, '~하는 중인'을 뜻한다. 같은 형태이지만 '~하는 것'을 의미하는 것은 동명사080라고 한다.

· going 가는 중인, thinking 생각하는 중인,
coming 오는 중인, looking 보는 중인

286 현재시제 ●
'평소'를 나타내는 시제. 변하지 않는 사실이나 대상의 속성에 대해 말할 때도 쓴다.

· He lives in Paris. 그는 파리에 산다.

287 현재완료 / 현재완료시제 /현재완료형 ●
'have+과거분사034'의 형태로, 과거에 있었던 일이지만 그 일을 경험한 현재의 모습에 관심이 있을 때 쓰는 표현이다. 해석은 '~과거에 ~해서, 현재 ~한 상태이다'로 한다. 참고 12시제001

· I have seen the movie. 나는 그 영화를 과거에 봐서 현재 본 상태이다.

288 현재완료진행시제 ○
과거부터 현재까지, 그리고 지금도 내내

계속되고 있는 행동을 나타낸다. have been +현재분사 형태로 쓴다.

· They have been playing soccer for two hours.
그들은 두 시간 동안 내내 축구를 하고 있다.

289 현재진행형 ★

be동사+현재분사의 형태로 쓰며, 현재 진행 중인 행동을 나타내는 시제이다.

· She is reading a book.
그녀는 책을 읽는 중이다.

290 형 ●

단어나 문장의 형태를 일컫는다.

291 형식 ●

문장의 형식을 일컬으며, 동사의 의미에 따라 형식이 결정된다. 참고 문장의5형식102

292 형용사 ★

명사를 꾸며서 성질, 상태, 정도 등을 나타내는 말이다. 예쁜, 잘생긴 등 국어에서 마지막 글자 밑에 ㄴ 받침이 들어간 경우가 많다.

· The red apple is delicious.
그 빨간 사과는 맛이있다.

293 형용사구 ○

2단어 이상이 한 덩어리로 형용사292 역할을 하는 것.

· She is clever beyond her years.
그녀는 그녀의 나이에 비해 영리하다.

294 형용사적용법 ●

어떤 단어나 구(to부정사 등)를 '형용사'로 쓰는 경우 형용사적 용법이라 쓴다. to 부정사는 형용사로 쓸 경우 '~할 수 있는', '~해야 할'을 뜻한다.

· This is the book to read.
이것이 읽어야 할 책이다.

295 형용사절 ○

종속접속사가 붙어있는 종속절이, '주절254'의 입장에서 봤을 때 주절의 특정 명사를 형용사처럼 꾸며주고 있는 절을 형용사절이라고 한다. 참고 절229

· I found a pen which I had lost.
나는 잃어버렸던 펜을 찾았다.

296 혼합가정법

주절254과 종속절241이 다른 시점을 나타내는 가정법을 일컫는다.

· If I had known about the party, I would be there now. 만약 파티에 대해 알았다면, 나는 지금 그곳에 있을 것이다.

297 혼합문

중문256과 복문116이 혼합된 문장.

· Although it rained, we went out and had a great time. 비가 왔지만, 우리는 밖에 나가서 즐거운 시간을 보냈다.

298 화법 ○

다른 사람의 말을 옮겨오는 방식을 나타내며, 다른 사람의 말을 큰 따옴표("/")와 함께 그대로 쓰는 것을 직접화법263, 따옴표 없이 본인의 입장에서 쓴 것을 간접화법021이라고 한다.

299 화법전환

문장의 말하는 방식을 바꾸는 것.

· He said, "I am tired". - 직접화법
그는 말했다, "나는 피곤하다."

· He said that he was tired. - 간접화법
그는 피곤하다고 말했다.

300 활용

실제 문장에서 사용하는 방법. 문법에 따라 달라지는 단어의 형태나, 문맥에 따라 달라지는 의미를 말한다.

부록1: 동사의 유형별 불규칙 변형

A-B-C

am, is	was	been	상태·모습이다
are	were	been	상태·모습이다
do, does	did	done	(행동)한다
fly	flew	flown	날다
see	saw	seen	봐서 알다
begin	began	begun	시작하다
drink	drank	drunk	마시다
ring	rang	rung	울리다
shrink	shrank	shrunk	줄어들다
sing	sang	sung	노래하다
sink	sank	sunk	가라앉다
swim	swam	swum	수영하다

A-A-A 끝 철자가 t

bet	bet	bet	걸다
broadcast	broadcast	broadcast	방송하다
burst	burst	burst	폭발하다
cost	cost	cost	비용이 들다
cut	cut	cut	자르다
fit	fit	fit	딱 맞다
hit	hit	hit	치다
hurt	hurt	hurt	다치게 하다
let	let	let	허락하다
put	put	put	놓다
quit	quit	quit	그만두다
set	set	set	놓다
shut	shut	shut	닫다

A-B-A+n

bid	bade	bidden	입찰하다
blow	blew	blown	불다
draw	drew	drawn	끌다, 그리다
drive	drove	driven	운전하다
eat	ate	eaten	먹다
fall	fell	fallen	떨어지다
forbid	forbade	forbidden	금지하다
forgive	forgave	forgiven	용서하다
give	gave	given	주다
go	went	gone	가다
grow	grew	grown	자라다
know	knew	known	알다
ride	rode	ridden	(딜것을) 타다
rise	rose	risen	솟아오르다
sew	sewed	sewed/ sewn	꿰매다
shake	shook	shaken	흔들다
show	showed	shown	보여 주다
take	took	taken	가져가다
throw	threw	thrown	던지다
write	wrote	written	글씨를 쓰다

A-B-B+n

bear	bore	born/borne	낳다
beat	beat	beaten	치다
bite	bit	bitten	물다
break	broke	broken	부수다
choose	chose	chosen	고르다
forget	forgot	forgot(ten)	잊다
freeze	froze	frozen	얼리다
get	got	got/gotten	(없던 것이) 생기다
hide	hid	hidden	숨기다
lie	lay	lain	눕다
speak	spoke	spoken	말하다
steal	stole	stolen	훔치다
swear	swore	sworn	맹세하다
tear	tore	torn	찢다
wake	woke	woken	(잠을) 깨우다
wear	wore	worn	입다

A-B-A

become	became	become	되다
come	came	come	오다
run	ran	run	달리다

무료강의

A-B-B 자음, 모음 변화

bring	brought	brought	가져오다
buy	bought	bought	사다
catch	caught	caught	붙잡다
fight	fought	fought	싸우다
seek	sought	sought	찾다
teach	taught	taught	가르치다
think	thought	thought	생각하다
creep	crept	crept	기다
feel	felt	felt	느끼다
keep	kept	kept	유지하다
kneel	knelt /kneeled	knelt /kneeled	무릎 꿇다
sleep	slept	slept	자다
sweep	swept	swept	쓸다
weep	wept	wept	(흐느껴) 울다
leave	left	left	(남기고) 떠나다
lose	lost	lost	잃다, 지다
sell	sold	sold	팔다
tell	told	told	말하다

A-B-B 자음 변화

bend	bent	bent	구부리다
build	built	built	짓다
burn	burnt /burned	burnt /burned	태우다
deal	dealt /dealed	dealt /dealed	다루다
mean	meant	meant	의미하다
send	sent	sent	보내다
spend	spent	spent	소비하다
have, has	had	had	가지다
hear	heard	heard	듣다
lay	laid	laid	눕히다
pay	paid	paid	지불하다
say	said	said	말하다
make	made	made	만들다

A-B-B 모음 변화

bind	bound	bound	묶다
find	found	found	찾다
dig	dug	dug	파다
hang	hung	hung	걸다
stick	stuck	stuck	붙다
sting	stung	stung	찌르다
strike	struck	struck	치다
swing	swung	swung	흔들리다
win	won	won	이기다
feed	fed	fed	먹이다
hold	held	held	붙잡고 있다
lead	led	led	이끌다
meet	met	met	만나다
read	read	read	읽다
shine	shone	shone	빛나다
shoot	shot	shot	쏘다
sit	sat	sat	앉다
slide	slid	slid	미끄러지다
spit	spit/spat	spit/spat	침 뱉다
stand	stood	stood	일어서다
understand	understood	understood	이해하다

6시간에 끝내는 생활영어 회화천사:
5형식/준동사
부록에서 발췌 p.182~185

부록2: 품사별 접미사

명사

-age average, baggage, courage, garage, image

-cy agency, mercy, emergency, policy, fancy

-er,-or actor, director, officer, painter, soldier

-ist,-man artist, businessman, fireman, pianist

-ism communism, egoism, impressionism, mechanism, organism, tourism

-ment assignment, comment, department, moment, shipment, treatment

-nce distance, experience, importance, performance

-ness business, fitness, happiness, weakness, witness

-ship friendship, leadership, relationship

-sion decision, discussion, expression, passion, vision

-tion auction, attention, description, function, identification, solution

-ty empty, capacity, quality, identity, security, sensitivity

the + 형용사 the old, the young, the poor, the rich, the wellknown, the beautiful

동사

en- enable, encourage, enhance, enjoy, ensure

-en awaken, burden, deafen, fasten, happen, listen

-ate activate, appreciate, associate, communidoge, compensate, debate, hesitate, indidoge, separate, translate, terminate

-ify classify, justify, identify, modify, unify, verify

-ise advertise, advise, exercise, promise, rise, revise

-ize apologize, criticize, customize, emphasize, recognize, realize, utilize

형용사

-able affordable, agreeable, available, believable, comfortable, disable, drinkable, enjoyable, reliable, remarkable, valuable

-al central, critical, essential, equal, formal, identical, internal, legal, mental, natural, normal, official, personal, several, special, total, usual, visual
(-sal, -val은 주로 명사로 쓰인다. festival, survival, disposal, proposal)

-ful awful, beautiful, careful, joyful, useful, stressful, successful, wonderful

-less endless, regardless wireless,

-ous curious, dangerous, delicious, famous, gorgeous, nervous, obvious, previous, precious, suspicious, serious, various

-sive, -tive active, comprehensive, creative, exclusive, negative, passive, positive, relative

a+동사 alike, alive, asleep, awake

동사+ed bored, excited, interested, concerned, ashamed

동사+ing boring, exciting, loving, interesting, astonishing

명사+ly costly, friendly, lovely, weekly

명사+y creamy, creepy, healthy, lucky, sleepy, wealthy

6시간에 끝내는 생활영어 회화천사:
전치사/접속사/조동사/의문문
부록에서 발췌 p.190~191

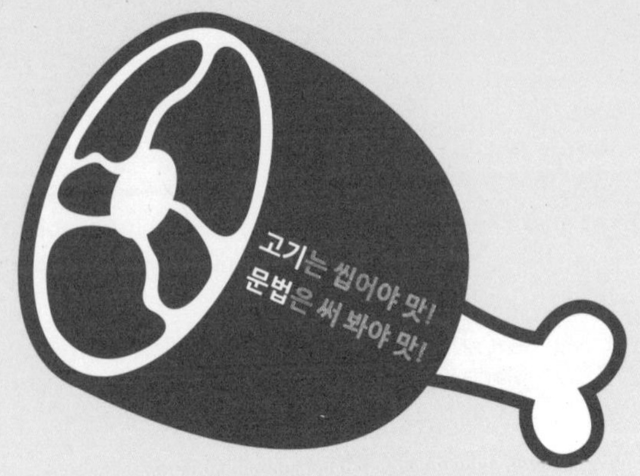

단지 머리로만 익히는 게 아니라

영어문법을 말하기/쓰기/읽기에 적용해서

입과 손으로 익히는 책을 소개합니다.

단단 기초 영어공부 혼자하기

유튜브 무료강의! 원어민MP3! 기초 영어회화+영작 끝판왕!

마이크 황의 저서 10권에서 엄선한 쉬운문장 문법 패턴!

소재가 재미있어서 전혀 지루하지 않아요.
백날 외워도 영어로 말할 수 없고
영어책을 한 번도 끝까지 본 적이 없는 제가
이렇게 쉽게 영어공부를 해보기는
첨 인것 같네요~
- recip**

중학영어 독해비급

유튜브 무료 강의!

중학교 교과서 13종의 문법별 구문독해!

Mike Hwang의 4배 빠른 독해 비법!

엄청 재미있다. 무지하게 쉽다. 그래서 끝까지 보게 된다.
나처럼 지구력이 부족한 사람도 끝까지 볼 수 있다는 게
이 책의 크나큰 장점이다...공부가 안될 수 없는 구조.
영어공부 책이 이리 재밌어도 되는걸까
- ilmare**

6시간에 끝내는 생활영어 회화천사

생활영어책 12권에서 뽑은 문법 패턴+영어회화+영작!

팟캐스트 무료강의! 원어민MP3!

그동안 수많은 영어책을 구매해서 실패했습니다.
2회독 이후로 영작하고 사전을 찾게 되고
저한테는 영어를 흥미있게
만든 교재입니다.
- 운**

이 책이 어렵다면
<8시간에 끝내는 기초영어 미드천사> 추천

이 책이 쉽다면
<4시간에 끝내는 영화영작> 추천

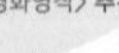

TOP10 연설문

가장 유명한 연설문 10개로

익히는 영어 쉐도잉!

팟캐스트 무료강의! 원어민MP3!

영어가 유창해진다! 진짜 미드가 들린다!

작가의 정성이 얼마나 곳곳에서 발견되는지
페이지를 넘기면서 감탄의 연발이었는데요...
- toshi**

이 책이 쉽다면
<TOP10 영한대역 단편소설> 추천